IM RHYTHMUS DES ALGORITHMUS
Rosel Ebert/Volker Krastel/Klaus G. Lonvitz

AF236397

IM RHYTHMUS DES ALGORITHMUS
Rosel Ebert/Volker Krastel/Klaus G. Lonvitz

IMPRESSUM:

© 2021 Rosel Ebert, Volker Krastel, Klaus G. Lonvitz
Redaktion/Text: Rosel Ebert, Volker Krastel, Klaus G. Lonvitz
Titel/Gestaltung/Typografie: Rosel Ebert
Fotos: Volker Krastel
Bildausschnitte S.27, 65, 87 wie angegeben, S. 17 und Cover
Plakat (Ausschnitt) Fritz Kahn 1920
Bild S. 29 zur Nutzung freigegeben

Herstellung und Verlag: BoD – Books on Demand, Norderstedt
ISBN 9783754318027

INHALT Seiten

o SCHRITT FÜR SCHRITT   6

o DAS SPIEL MIT DEN ZAHLEN   9

o DAS REGULATIV DES LEBENS   13

o ALGORITHMEN IN VERSEN VON A – Z   24

o DAS FUNDAMENT DER DICHTKUNST   67
   IN EIGENER SACHE

o NOCH EINMAL SCHRITT FÜR SCHRITT   83

o ANHANG FÜR WISSBEGIERIGE   87

o DIE AUTOREN   93

SCHRITT FÜR SCHRITT

Hand aufs Herz: Wissen Sie, was ein Algorithmus ist? Und wussten Sie, dass das Wort Algorithmus seinen Ursprung in Arabien hat? Mohammed Ibn Musa Al-Chwarizmi aus Persien führte die indische Ziffernschreibweise für Zahlen ein und damit auch das dekadische Positionssystem. Er beschrieb im Jahre 820 in einem Lehrbuch die Gesamtheit der Regeln zum formalen Lösen von Gleichungen. So entstand dieser Begriff: *ALGORITHMUS,* der aus seinem Namensende *AL-CHWARIZMI* abgeleitet wurde. Dieser Begriff wird für ein Rechenverfahren benutzt, das nach endlich vielen eindeutig festgelegten Schritten die Lösung der gestellten Aufgabe liefert.

Wenn Sie all das wussten, dann wird es Ihnen nicht schwer fallen, auch den Rhythmus zu spüren, der in ihm steckt. Wenn Sie keine Ahnung von all dem hatten, dann brauchen Sie nur unseren Spuren zu folgen. Schritt für Schritt...

Doch ganz so einfach ist das dann auch wieder nicht. Die in der Natur algorithmisch ablaufenden Prozesse wurden im Laufe der Jahrhunderte entdeckt und erforscht. Um diese dabei gefundenen Gesetze auszunutzen, müssen wir sie kennen. Fehlen die Gesetze, müssen wir neue erschaffen. Und das gilt nicht nur für die Mathematik.

Mit unserem Buch „Im Rhythmus des Algorithmus" möchten wir Sie einladen zu einem kleinen Streifzug durch verschiedene Wissenschaftsgebiete und durch unser tägliches Leben, wo es Aufgaben und Abläufe gibt, denen Erfahrungsregeln zu Grunde liegen und die Schritt für Schritt zu einer gesuchten Lösung führen. Wir möchten Sie einladen, mit uns diesem, am häufigsten in der Mathematik verwendeten Begriff nachzuspüren, und ihn aus der Umklammerung herauszulösen.

Wir haben uns die Fragen gestellt:
Wo sind solche endlichen Schrittverfahren in anderen Lebensbereichen ähnlich anzuwenden? Wo sind die Grenzen? Was passiert, wenn wir dagegen verstoßen?

Und: Wer Fragen stellt, findet auch Antworten. Dass wir als Poeten dabei dem Exkurs eine dichterische Komponente verleihen, soll die Würze des Ganzen sein.

Wer einem Algorithmus folgt, kommt immer ans Ziel.

Rosel Ebert   *Volker Krastel*   *Klaus G. Lonvitz*

7

BAUSTEINE

Wohlgeordnet
liegen sie in einem Kasten aus festem Holz –
die Bausteine der Kindheit.
Keiner zu viel und keiner zu wenig.
Nur in der festgelegten Ordnung
passen die Steine hinein und werden
zu einem geschlossenen Ganzen.

Aus Klötzchen in Kinderhand
baut sich wie von selbst
mit kleinen Schritten ein Haus.
Aus mehreren Steinen werden Häuser.
Aus eins wird zwei.
Das Kind beginnt zu zählen.

Zahl um Zahl folgt der Mensch
den Algorithmen der Mathematik.
Schritt für Schritt geht er seinen Weg
im Einklang oder Widerstreit mit den
auf Erfahrung beruhenden Regeln
des Seins.

Doch welcher Mühsal
wäre der Erkenntnisprozess unterzogen
ohne die Bausteine der Kindheit,
auch wenn die fertigen Häuser
inzwischen anders erscheinen.
Als Stützwerk des Lebens geben sie
dem Heranwachsenden die Chance zu erkennen,
was Ordnung heißt.
Rosel Ebert

DAS SPIEL MIT DEN ZAHLEN

Die Mathematik wird gerne als die Königin der Wissenschaften bezeichnet. In ihr gibt es eine Disziplin – die Zahlentheorie. Sie faszinierte viele Denker schon seit langen Zeiten und sorgt auch heute noch für Begeisterung, da sie Überraschendes, Verblüffendes und dadurch auch Unterhaltsames bereithält. Sie sollte als eine Fürstin angesehen werden.

Mit Zahlen zu spielen dürfte jeden mathematisch Interessierten begeistern. Doch die Leidenschaft entwickelt sich nicht von selbst. Einfache spielerische Rechenaufgaben in der Kindheit sind der Anfang. Wenn es gut läuft, tut der Mathematiklehrer sein Übriges, indem er mit dieser „Fürstin" im Bunde agiert. Glück hat, wer von seinen Eltern das Spielen mit den Zahlen erlernt. Diesem Spiel sind keine Grenzen gesetzt.

Man nehme den Taschenrechner, wenn man es nicht selbst schriftlich machen möchte. Man gebe die Zahl 12345679 ein, sie besteht aus der Ziffernfolge von 1 bis 9 – achte aber darauf, dass die **8** darin fehlt. Man multipliziere sie mit der Endziffer 9 und wundere sich über ein tolles Ergebnis.

$$9 \times 12345679 = 111\ 111\ 111 \quad \text{oder}$$
$$111\ 111\ 111 : 9 = 12345679$$

Wenn sich die **8** nun aber beklagt, dass sie in diesem Spiel ausgelassen wurde, so sollten wir sie doch aufnehmen.

$$9 \times 123456789 = 1\ 111\ 111\ 101$$

Die **0** ist Rache wohl der **8**,
die oben noch nicht mitgemacht –
auf sie gab dabei keiner acht,
sie hat die **0** drum reingebracht.

Damit bleiben wir nicht bei Millionen, sondern erreichen schon mehr als eine Milliarde. Schneiden wir die erste 1 des Ergebnisses ab und setzen sie anstelle der vorletzten **0** ein, so sind wir wieder bei der bekannten Zahl

Einhundertelfmillionenelfhundertelftausendeinhundertelf
111 111 111.

In einem anderen Zahlenspiel geht es um die Zahl **14**, diese verdoppelt führt zur **28** und diese wiederum verdoppelt und eine 1 addiert liefert die Zahl **57**. Zusammengezogen ergibt sich die 6-stellige Zahl **142857**. Betrachtet man verschiedene Multiplikationen dieser Zahl

$142857 \times 2 = 285714$ $142857 \times 3 = 428571$
$142857 \times 4 = 571428$ $142857 \times 5 = 714285$
$142857 \times 6 = 857142$,

so entdeckt man, dass die Ergebnisse zyklisch verändert aber dieselbe Ziffernfolge der Ausgangszahl haben. Das erscheint überraschend, aber eine weitere Überraschung folgt: $142857 \times 7 = 999999$

Bei der Multiplikation mit der **7** tanzt das Ergebnis in interessanter Weise aus der Reihe. In Weiterführung dieser Multiplikationen zeigt sich eine andere überraschende Sache:

$142857 \times 8 = 1142856$ $142857 \times 9 = 1285713$
$42857 \times 10 = 1428570$

Hierbei werden die Ergebnisse 7-stellig.
Schneidet man auch die vordere Ziffer 1 ab und addiert sie zur letzten Stelle der Ergebnisse, so tauchen wieder diese zyklisch veränderten Ziffernfolgen auf. Das Geheimnis darin erkennt man, wenn man 1 durch 7 teilt. $1 : 7 =$
$0,142857\underline{142857}142857\underline{142857}142857\underline{142857}$
$142857\underline{142857}142857\underline{142857}142857\underline{142857}...$

Es ist ein periodischer Dezimalbruch mit der Periode 142857.

Was hier erst als überraschendes Spiel erscheint, hat doch eine innewohnende Logik.
Klaus G. Lonvitz

DAS REGULATIV DES LEBENS

Unser Dasein wird bestimmt vom Geist der Zeit, in der wir leben. Ständig wandeln sich die Gegebenheiten. Die Umwelt verändert sich. Die Technik schreitet voran. Die Wissenschaft kommt zu immer neuen Erkenntnissen. Die sich regelmäßig ändernde Mode beeinflusst unsere Äußerlichkeiten. Unsere Verhaltensweisen passen sich dem zwangsweise an.

Liebgewordene Gewohnheiten werden aufgegeben und durch neue ersetzt. Das lebenslange Lernen gehört zum Alltag. Wer sich dem verweigert, der wird abgehängt und landet im Abseits. Oft kommen Zweifel auf. Was ist falsch und was ist richtig? Wir beginnen abzuwägen und üben uns im kritischen Betrachten. Wie sagte doch der Schweizer Entwicklungspsychologe Jean Piaget:
„Menschliche Intelligenz ist das, was man einsetzt, wenn man nicht weiß, was man tun soll."

Volker
Krastel

13

DIE ENDLICHKEIT IM UNENDLICHEN

Ein Algorithmus ist die Endlichkeit im Unendlichen. Ohne ihn wäre unsere Welt weder fassbar noch steuerbar. Der Verlauf der Geschichte und die philosophische Sicht auf unser Dasein bekommen durch ihn eine nachvollziehbare und greifbare Struktur.

Schritt für Schritt hat sich die Menschheit entwickelt – vom Niederen zum Höheren. Und es geht weiter und weiter... Solange die Erde besteht und die Menschen aufhören, ihren eigenen Untergang zu befördern, werden sie die Fäden spinnen. Dabei kommt es darauf an, welche Richtung die Entwicklung nimmt. Sie ist kein Selbstlauf. Der Mensch hat es auch mittels Algorithmen in der Hand, die Geschicke zu lenken.

Der richtige Umgang damit kann nie geahnte Dimensionen erreichen, die zum Wohle des Menschen, der Erde und des Universums Früchte tragen. Doch ebenso kann und wird sich jede Zuwiderhandlung rächen. Im Großen wie im Kleinen. Wenn der Traum von der Allmacht des Menschen Schritt für Schritt positive Ergebnisse beflügelt, dann wird er dem Sinn unseres Daseins gerecht. Wenn aber die Erkenntnisse und die beschrittenen Wege zur Selbstzerstörung führen, dann ist das Ende der Welt viel näher, als wir es mit unserem Verstand erfassen können.

Deshalb sollte jeder, mit welchen Mitteln auch immer, den Finger in die Wunde legen und sich Gehör verschaffen. Wir tun es mit Hilfe der Poesie.

Rosel Ebert

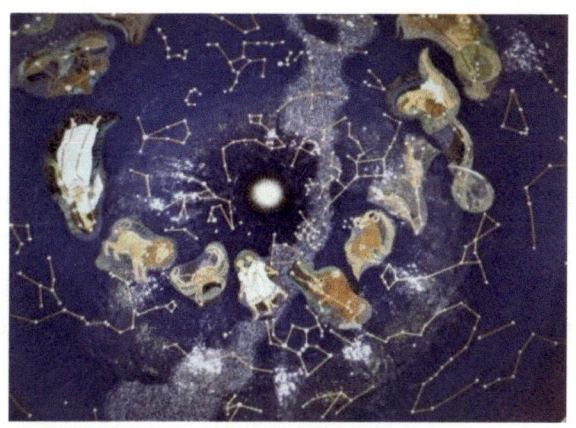

DIE MENSCHLICHE WESENSART

Über Jahrhunderte versuchte man, die Wesensart eines Menschen von seiner äußeren Gestalt her zu erklären. Schon die griechischen Denker verfuhren so.

Noch bis in das vorige Jahrhundert suchten auch die Psychologen in Körperbau und anderen äußeren Merkmalen Hinweise auf die Wesensart und das Verhalten zu finden. Die heutige Persönlichkeitsforschung lässt sich davon leiten, Erscheinungsformen des individuellen Erlebens und Verhaltens in begrifflich beschreibender Weise auf ein Gefüge von zugrundeliegenden Eigenschaften zurückzuführen. Daraus werden Aussagen über das Verhältnis zwischen Anlage und Umweltbedingungen der Persönlichkeitsentwicklung bzw. Charaktertypologien hergeleitet.

Was haben nun der Charakter oder die Wesensart mit Algorithmen zu tun?

In einer Zeit, in der Roboter zu Helfern des Menschen auch in seinen engsten persönlichen Bereichen werden (Roboter werden in Japan auch in der Alten- und Krankenpflege eingesetzt), wird die Frage wichtig: Können Persönlichkeitsmerkmale in Form von Algorithmen strukturiert werden? Ist es vielleicht möglich, sie auf verschiedene Art zu programmieren? Das wäre dann entscheidend dafür, welcher Person wir begegnen.

Sind Roboter somit die Widerspiegelung einer Persönlichkeit? Noch scheint die Frage nicht geklärt. Und ob die Wesensart des Programmierers darauf einen entscheidenden Einfluss hat, dürfte nicht minder von Interesse sein.

Werfen wir einen Blick auf die Medizin unter dem Gesichtspunkt der Erhaltung, Förderung und Wiederherstellung der Gesundheit. Dabei kommen wir nicht umhin, dem Fortschritt durch den Einsatz und die ständige Weiterentwicklung der Technik zu huldigen. Schritt für Schritt werden die diagnostischen und therapeutischen Möglichkeiten verbessert. Auch jeder Vorgang an sich verläuft dann nach festgeschriebenen Algorithmen.

Nicht zuletzt sollte darauf hingewiesen werden, dass es bereits die Natur so eingerichtet hat, anatomische und physiologische Vorgänge im Körper des Menschen algorithmischen Abläufen zu unterwerfen. Schritt für Schritt vollziehen sich der Entwicklungs- und Alterungsprozess im Allgemeinen und im Besonderen. Physiologische Prozesse wie die Verdauung wiederholen sich ein Leben lang.

Dass die Menschheit das nicht so einfach hinnehmen kann und will, ist ihrem Forscherdrang geschuldet. Das kann gut oder schlecht sein. So ist gerade die Ernährung ein weites Feld, um die Menschen mit ständig neuen Ratschlägen und Hinweisen zu versorgen, wie sie Schritt für Schritt das Idealgewicht erreichen können. Wobei sich über Sinn und Unsinn streiten lässt. Doch die Schemata sind verlockend. Wir behaupten: Je mehr die Menschen über Algorithmen wissen, umso eher und besser können sie hinter die Kulissen schauen. Einen Versuch ist es wert!

Volker Krastel & Rosel Ebert

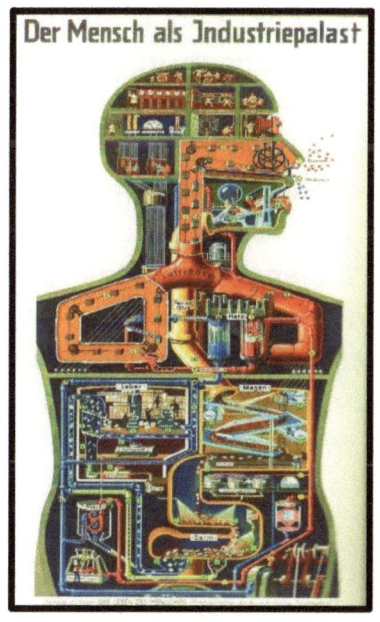

Der Mensch als Industriepalast

WIE WÄRE DER WELTFRIEDEN ZU ERREICHEN?

Wie oft ist doch diese Frage als Gesprächsthema in vielen Unterhaltungen behandelt worden? Sie ist eine Frage in wohl allen Ländern unserer Erde. Wenn es auch Bereiche mit langen Friedenszeiten gibt, so ist dennoch das Gefühl vorherrschend, dass in anderen Gebieten fast immer Kriegsherde entstehen oder kriegerische Auseinandersetzungen geführt werden.

In einem solchen Gespräch sagte jemand zu mir: „Friede herrscht, wenn Usbeken Tee trinken!" Es sei ein Zitat von einer bekannten Persönlichkeit, die aber in seiner Vergesslichkeit versunken war. Dem Gedanken konnte ich folgen – eine schöne Bildhaftigkeit zu dem Begriff *Frieden*; denn schon die rituellen Handlungen in der Zubereitung von Tee bei den Usbeken erfordern eine sehr ruhige und friedliche Situation, in der eine bedachte Tätigkeit nach der anderen in genauer Abfolge abläuft, bis es zum Genuss des edlen Getränks in menschlich angenehmer Atmosphäre kommen wird. Usbeken sitzen dann in einer friedlichen Runde und genießen den Tee Schluck für Schluck, tauschen in Ruhe Gedanken aus, die anregen, die verinnerlicht werden und feindliches Denken vermeiden.

Während der internationalen Zusammenkünfte von Weltorganisationen und Weltkongressen sollte man Usbeken bestellen, die dort ihre Teezeremonien gestalten, um nicht nur Großfotos von den Teilnehmern als Ergebnis der Zusammentreffen zu präsentieren, sondern für jedermann fühlbar Schritte zu einem friedlichen Miteinander erlebbar zu machen.

Es heißt aber wohl *„Tee trinken und abwarten"*, bis wir Jahr für Jahr in weiteren Schritten zu dem ersehnten Weltfrieden gelangen könnten.
Klaus G. Lonvitz

DAS ALLTÄGLICHE

Der Alltag ist etwas, das uns immer umgibt und das sich auf die Gestaltung unseres ganzen Lebens bezieht: von Essen, Kleiden, Wohnen, über Arbeiten, Freizeitgestaltung und anderes. Ja sogar der gesunde Schlaf gehört dazu.

Den alltäglichen Anforderungen gerecht zu werden, ohne im Chaos zu versinken oder die Nerven zu verlieren, bedeutet, sein Leben so zu organisieren und zu gestalten, dass selbst diese mitunter profanen und sich ständig wiederholenden Aufgaben ohne übermäßige Anstrengung bewältigt werden können.

Aber wie geht das am besten?

Natürlich haben wir dabei die Algorithmen im Blick. Gerade beim Alltäglichen liegen die bewährten Regeln, Ordnungsprinzipien, Arbeitsabläufe geradezu vor unserer Nase. Wir saugen sie schon mit der Muttermilch in uns ein.

Erstes Prinzip: Wer Hunger hat, schreit. Zunächst werden Rechte erlernt und eingefordert, dann schaut man sich von den anderen das ab, was für die eigene Lebensgestaltung von Nutzen ist. Dabei wird in der Regel eine Routine entwickelt, sodass der Algorithmus, um den es geht, überhaupt nicht mehr wahrgenommen wird.

Es läuft, und immer neue Rituale kommen hinzu. Selbstverständlich ist es jedem Menschen freigestellt, alltägliche Erfahrungen zu nutzen. Er kann, aber er muss nicht. Wenn er Anarchie, Gewirr, Planlosigkeit oder Tohuwabohu vorzieht, bitte sehr. Allerdings bezweifle ich, dass Menschen, die wie du und ich sind, mit Einsteins Weisheit:
„Jede Ordnung ist der erste Schritt auf dem Weg in neuerliches Chaos." geholfen ist.

Rosel Ebert

SCHEIDEWEG

Ein Vordenker sieht eine neue Gefahr,
man nahm sie in früherer Zeit noch nicht wahr.
Es sind Algorithmen, die Menschen versteh´n,
viel besser als diese sich selber wohl seh´n.

Das Wissen der Biologie hilft hier sehr,
die Leistung von Rechnern und anderem mehr,
mit Daten des Menschen, die heut´ man erfasst,
beeinflussen ihn zum Verhalten als Last.

Durch die Algorithmen bewirkend gelingt ´s,
ja, Wünsche, Verhalten und mehr allerdings,
zu manipulieren – zum Nachteil für alle,
entscheidend verführen in schlimmerem Falle.

Doch positiv liefern sie manche Ideen
bei Frühdiagnose wie gütige Feen.
Als böse Feen könnten sie Ansichten streu´n,
sodass rohe Menschen vor nichts sich mehr
scheu´n.

So achte man besser auf diese Gefahr,
erkenne sie, meide sie unmittelbar.
Trifft man algorithmisch auf wirkliches Glück,
so schrecke man davor jedoch nicht zurück.
Klaus G. Lonvitz

Der Vordenker ist der israelische Autor Yuval Noah Harari, der klug und präzise in seinem Buch „Eine kurze Geschichte der Menschheit" sagt: „Der Mensch hat die Fähigkeit zu schöpferischem und zu zerstörendem Handeln wie kein anderes Lebewesen. Und die Menschheit steht jetzt an einem Punkt, an dem sie entscheiden muss, welchen Weg sie von hier aus gehen will."

HÖRT AUF DIE PHILOSOPHEN

In dem, was Richard David Precht
so schreibt, geb´ ich ihm deutlich recht.
So viel Komfort wie möglich
ist Menschen nicht zuträglich.

Er schreibt:
„Immer mehr Komfort kann zugleich
ein immer weniger an Glück bedeuten."

Wenn Technik uns die Arbeit nimmt,
dann folgt darauf auch ganz bestimmt,
dass Menschen ´s Denken auch verlernen
und sich von Phantasien entfernen.

Er warnt:
„Ein Zustand des ultimativen Komforts
ist ein Zustand des Stillstands."

Wir sind schon auf dem Weg dahin,
es schwächt sich ab der Lebenssinn.
Wenn Technik alles reguliert,
dann ist der Stumpfsinn programmiert.
Klaus G. Lonvitz

Inspiriert durch das Buch Jäger, Hirten, Kritiker
von Richard David Precht
GOLDMANN VERLAG, 2. Auflage, März 2020

ALGORITHMEN IN VERSEN VON A – Z

A

AM ANFANG WAR DER ALGORITHMUS *oder* DER ÄLTESTE ALGORITHMUS DER WELT

Ein heller Tag, die dunkle Nacht;
ein leerer Raum, der sich enthüllt.
Ein Genius hat im Nu erdacht,
was dieses Vakuum nun füllt.

Ein blauer Himmel, weiße Wolken,
die bunte Erde und das Meer.
Dazu verschiedene Gestirne ...
Er schuf sie, und das war nicht schwer.

Doch ganz allein in diesem Raum?
Die Einsamkeit scheint ihm nicht recht.
En masse Getier – zum Schluss der Mensch –
ein solcher Einfall ist nicht schlecht.

Sechs Tage Arbeit war getan,
am siebten ruhte er sich aus.
So wird im Glauben an die Mär
ein echter Wochenrhythmus draus.
Rosel Ebert

B

BESTÄNDIGKEIT DER ERINNERUNG*

Fünf vor zwölf – die Uhr sie rennt,
Mensch schaut trüb´ auf den Moment,
wo die Stunde hat ihr Ende –
hadert mit der Zeitenwende.

Fünf vor zwölf – der Stunde Rest –
wer hält diesen Zeiger fest?
Mensch ist jenem Lauf erlegen,
fragt sich nun weshalb, weswegen

läuft die Uhr, rennt seine Zeit?
Sieht Gebilde weit und breit,
die ihn zu mehr Eile mahnen.
Doch die Zeit, sie läuft in Bahnen

wie von selbst zur vollen Stund´.
Schon gibt eine Uhr die Kund´,
dass die Zwölf nun überschritten.
Selbst mit Flehen und mit Bitten

und wenn´s Schicksal Gutes tät´ –
kurz nach Zwölf ist es zu spät.
Seine Zeit, die ist zerronnen
mit den Freuden und den Wonnen.

Sind die Uhren aus der Norm,
hängen weich in neuer Form,
fehlt des Menschen Zeitenmesser
und sein Dasein wird nicht besser.

Die Erinnerung, sie bleibt,
auch wenn sich der Mensch zerreibt.
Toben doch im Innern weiter
tausend Emsen froh und heiter.

So gesehen hat die Zeit
ewiglich Beständigkeit.
Rosel Ebert

*Inspiriert von dem gleichnamigen Bild Salvador Dalis
(siehe Ausschnitt)*

C

CORONA oder COVID 19

Nicht überschaubar sind die Abenteuer der Natur.
Wir lieben sie und fürchten sie zugleich.
Mit Aufbruchsstimmung legt der Frühling jährlich
seine Spur,
macht uns in Herz, Gemüt und Seele reich.

Doch gnadenlos ist die Natur im Wesen,
wenn Urgewalten unsre Welt verändern.
Selbst der Versuch, in diesem Buch zu lesen,
reicht nicht, den Stand der Dinge abzuändern.

Wenn Seuchen wie ein Ungeheuer wüten,
so spüren wir die Ohnmacht unsrer Taten.
Auch wenn wir weltweit uns bemühten,
Natur setzt sich zur Wehr, wird sie verraten.

Wenn Viren ihre Eigenschaften wandeln
und nun uns Menschen an den Kragen wollen,
zwingt es den Staat, mit Augenmaß zu handeln,
mit Maßnahmen, besonders wirkungsvollen.

Was bisher fehlte war ein klarer Plan,
ein Algorithmus für die Handlungsweisen.
Das warf die Menschen weltweit aus der Bahn,
Verhaltensriten sollen sich beweisen:

Bleibt zu Hause, haltet Abstand!
Wascht die Hände, meidet Klinken!
Storniert die Reisen in das Ausland!
Wählt statt Umarmung lieber Winken!

Klar ist, da uns das neue Virus geißelt
und unser aller Leben durcheinanderbringt,
dass Sicherheit nicht mehr in Stein gemeißelt,
bis Wissenschaftlern die Erkenntnis winkt.

Impfstoff soll heute helfen und auch später,
doch glaubt nicht jeder Einzelne daran.
Politiker – gewählte Volksvertreter,
entscheiden, was man tun und lassen kann.

Vielleicht erreicht nun das erzwung´ne Innehalten,
dass sich die Menschheit allerorts darauf besinnt:
Man kann nicht unbedacht nur schalten oder walten,
Zeit wird´s, dass der Verstand zu arbeiten beginnt.
Volker Krastel

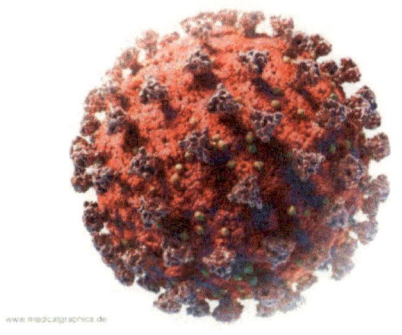

www.medicalgraphics.de

D

DENKANSTÖße *oder* DER MENSCH ZWISCHEN MIKRO- UND MAKROKOSMOS

Der Mensch nimmt wahr, was ihn umgibt,
was überschaubar für ihn ist.
Wenn er ein tiefes Denken liebt
und alles logisch auch bemisst,
dann weitet sich sein Horizont,
geht jeder Sache auf den Grund,
beschreibt das immer auch gekonnt
und gibt es andern gerne kund.

So wuchs das Wissen allezeit –
es weiteten sich die Gedanken,
die Schritte wurden größer, weit
und öffneten so weit´re Schranken.
Zwei Richtungen ergab die Zeit,
Der Makrokosmos ist die eine,
hier geht 's bis zur Unendlichkeit,
der Schritte sind es nicht sehr kleine.

Atome sind nicht kleinste Teile,
es gibt noch viele kleinere –
im Mikrokosmos – keine Eile,
die Forschung ist die feinere.
Bis fast zur Null fällt ´s hier hinab
in vielen, aber kleinen Schritten.
Zu kleinsten Teilchen geht ´s im Trab,
mit Zähigkeit wird hier gestritten.

Klaus.G. Lonvitz   30

E

EWIGKEIT

Die tausendjährigen Eichen
ägyptischen Mumien gleichen.
Zerfurchte Rinde das Mumienkleid,
zerschlissen durch den Zahn der Zeit.

Es bleibt zurück von edler Habe
nur noch das Laub als Grabbeigabe.
Furchen und Wunden im Borkenkleid,
Narben durch Entbehrung und Leid.

So zeigt sich in ihrem Gesichte
die leidige deutsche Geschichte.

Dass Nonnen, von Räubern einst verführt,
in dieser Gestalt nun konserviert,
jetzt auf Erlösung harren,
gehört ins Reich der Narren.

Sie stehen hier
zerfurcht und grau
und stellen sich der
Welt zur Schau.
Gleichsam
naturgeword´ne Zeit
– ein Monument
der Ewigkeit!
Volker Krastel

FERNWEH oder GROßE REISE

Ein Fernweh kann so heimlich locken,
nicht nur allein zu Hause hocken.
Es wächst auf ganz besond´re Weise
der Wunsch nach einer großen Reise.

Die Reiseangebote sichten
und hör´n, was and´re so berichten
von ihren Reisen in die Ferne –
das geht voraus – man tut es gerne.

So wird ein Reiseziel bestimmt,
das einen toll gefangen nimmt.
Der Pass, ein Koffer sind parat.
Man schreitet weiter nun zur Tat.

Die Reisezeit wird festgelegt –
vor Freude ist man sehr bewegt.
Ein Angebot wird ausgesucht
und auch sogleich die Fahrt gebucht.

So sind die Schritte dann getan,
es schließt sich die Erwartung an.
Doch Koffer packen, welche Plage,
geht peu á peu nur über Tage.

Man möchte möglichst nichts vergessen,
auch das Gewicht ist zu bemessen.
Der Höhepunkt – die Reise dann –
erfordert ebenfalls den Mann.

Am Zielort wirkt ja alles neu,
das macht uns neugierig und scheu.
Doch zieht das Ziel in seinen Bann,
fängt endlich Urlaubsfreude an.
Klaus G. Lonvitz

G

GEDULD oder
DIE TUGEND DES ERTRAGENS VON ÜBELN

Gleichbleibend ruhig und nachsichtig sein –
das ist es, was als Geduld man empfindet.
Dann werden die Widrigkeiten ganz klein,
wenn man Ausdauer noch damit verbindet.

Beides ist doch von verschiedener Art –
Ausdauer heißt nicht nur Ruhe bewahren,
ist wohl sehr häufig mit Arbeit gepaart –
Holzfäller, Bauern – sie haben ´s erfahren.

Kerbsägen schränken und Sensengedengel –
dauernde Ruhe ist
dabei gefragt.
Andauernd fleißig
sein, ohne
Gedrängel –
schrittweise Arbeit
ist hier angesagt.

Zähne der Sägen in Stellung gebracht –
Schärfe der Schneide von Sensen erneuert,
Rhythmus liegt darin, ganz ruhig und sacht –
das haben beide sehr oft schon beteuert.
Klaus G. Lonvitz

HAUSHALTSRITEN

Mikrowellen, Waschmaschinen,
selbst den Kaffeeautomat
gilt es richtig zu bedienen
nach dem festgelegten Pfad.

Was hätt' Oma drum gegeben –
Hilfsgeräte gab es kaum.
Technisiertes Alltagsleben
war für sie ein kühner Traum.

Doch ob Waschbrett oder Besen,
ob per Knopfdruck, ob per Hand –
sinnvoll ist stets nur gewesen,
was nach Vorschrift angewandt.

Wer vergisst die Wäscheklammern,
wer den Hexenbesen schwingt,
dem geschieht es recht zu jammern,
weil die Arbeit nicht gelingt!
Rosel Ebert

I

INTIMES oder
DIE ALGORITHMEN DER LIEBE

Die Liebe ist das wundersamste der Gefühle.
Unmöglich, es mit Worten zu beschreiben.
Je mehr ich mir den Kopf nun stundenlang zerwühle,
wird endlich klar, das muss wohl unterbleiben.

Was da geschieht im Körper, in der Seele,
das wurde ja schon mehrmals untersucht.
Doch unklar blieb: Wer gibt hier die Befehle?
Als Krankheit hat man Liebe schon verbucht.

Die Wissenschaft betrachtet die Symptome:
Kribbeln im Bauch und feuchte kalte Hände.
Im Kernspin sieht man tanzen die Atome,
da der Verliebte schaut auf weiße Wände.

Wie kann man dies Geschehen fassen?
Warum passiert es überhaupt?
Anfangs erröten, dann erblassen.
Der Nachtschlaf wird einem geraubt!

Verliebte wurden ganz genau vermessen:
der Puls, der Blutdruck, die Hormone.
Was sich ergab, kann man getrost vergessen.
Für Liebe gibts keine Schablone.

So müssen wir uns wohl bescheiden
und Algorithmen sind hier ohne Sinn.
Denn Regeln gilt es zu vermeiden –
das wissen Liebende seit Anbeginn.
Volker Krastel

J

JONGLIEREN IM RÜCKWÄRTSGANG oder ACH, WÄR DAS SCHÖN!

Ich stell mir vor, das Internet wird abgeschaltet.
Die Nachrichten bringt wieder nur die Post.
Ein jeder Ort wird autonom verwaltet.
Die Sendetürme sind voll Rost.

Die Menschen schau´n sich wieder ins Gesicht.
Die Smartphones wurden eingesammelt.
Auch Fernsehen, das gibt es nicht.
Die Sendeanstalt ist verrammelt.

Ganz plötzlich läuft nun alles sehr gemächlich.
Auch Autos wurden abgeschafft.
Und Zeit hat man nun wieder schier unsäglich,
was Freude und Vergnügen schafft.

Manch einer findet ´s aber unbequem,
dass er sich nun bewegen muss.
Beschwerlich ist auch, öfter anzusteh ´n,
und das macht einigen Verdruss.

Ansonsten gibt es selt´ner Korpulente.
Wer sich bewegt, wird kaum noch Fett ansetzen.
Erreichen kann so jeder seine Rente,
denn keiner muss im Arbeitsalltag hetzen.
Volker Krastel

K

KLUGES HANDELN

Um klug zu handeln muss man diskutieren.
Probleme lassen sich gemeinsam besser klären.
Selbst bei der großen Pandemie durch Viren
kann man nur Hand in Hand das Wissen mehren.

Des Menschen Denken braucht das Hinterfragen.
Nur so ergibt sich Kenntnis von den Dingen.
Alexa die Probleme vorzutragen
wird uns da leider niemals weiterbringen.

Das kluge Handeln bei den vielen Katastrophen
lässt sich durch Algorithmen unterstützen.
Die Wärme schafft im Winter der geheizte Ofen,
nur wird das nicht vor Erderwärmung schützen.

Erfahrung, Logik und
Verstand
können so helfen,
Richtiges zu tun.
Noch viel zu oft
bau´n wir auf Sand
und glauben, es ist
Zeit, sich
auszuruh´n.
Volker Krastel

L

LICHT

Einst ward ein Funke zum Feuer,
die Flamme zum Licht.
Erleuchtung zog Kreise.
Fast ward es zur Pflicht,
mit Kerzen und Lämpchen
per Öl oder Gas
dem Dunkel zu trotzen.
Bald gab es en masse
Zündhölzer, auch Röhren
mit Kohlefäden.
Man konnte sie kaufen
in vielen Läden.

Die Kohle, sie ward dann
ersetzt durch Metall.
Zerbrach eine Lampe
mit lautem Geknall,
dann war das nur Ansporn
für die Erfinder.
Ihre Ideen
gebaren Kinder.
„Elektrizität"
hieß das Zauberwort.

E-Werke gab es
jetzt hier und auch dort.
Quecksilber und Wolfram –

sie kamen ins Spiel.
Doch sind die Erfinder
noch lang nicht am Ziel.
„Osram" war nunmehr
in aller Munde.
„Leuchtstoffröhren
machten die Runde.
Bald ging es weiter
zum Halogen.
LED-Lampen konnte man
überall sehn.
Erst rot, später blau
und schließlich auch weiß.
Zunächst ziemlich kalt –
doch das war der Preis.

Die Tüftler gaben
auch jetzt keine Ruh.
Nun kam noch ein warmer
Schimmer hinzu.
Doch jeder,
dem Glühlampen genehm,
der hatte
ganz plötzlich ein Problem.

Der Klimaschutz
schlug heftig zu
und ließ die Birne
nun nicht mehr zu.

FAZIT:

Am besten, scheint es,
wir kehren zurück
zum ersten, dem vormals
mit großem Glück,
vom Zufall geleitet,
ein Licht aufging,
das nun die Funken
im Fluge fing.
Wir setzen uns dann
im Feuerschein
vor den Kamin
und schaun hinein.
Auf´s Feuer, das wir
selbst entfachen
und dessen Glut
wir überwachen.
Hell, warm und wohlig
soll es sein...
Bis die Erfinder sagen:
„Nein!
Der Strom bringt
den Kamin zum Laufen!"

– –
Eh wir uns nun
die Haare raufen,
sehn wir den Fortschritt
als Gewinn
und finden darin
einen Sinn.
Rosel Ebert

M

MAßANZUG

Ein Mann mit einer kleinen Rente –
der wünschte sich 'nen Maßanzug.
Ob er sich den wohl leisten könnte?
Geld hatte er, doch nicht genug.
Mit dieser Frage ging er um,
es war jedoch sein großes Ziel.
Wenn 's Geld nicht reicht, das ist zu dumm,
ein Maßanzug – der kostet viel.

Sein Wunsch war einem Freund bekannt,
der ihn zu einem Treffen bat –
und als man sich zusammenfand,
gab dieser Freund ihm einen Rat:
„Was man sich nicht gleich leisten kann,
das schafft man doch in vielen Schritten –
tu deinem Körper Gutes an,
er hat durchs Rauchen schon gelitten.

Den Missbrauch kannst du wohl beschränken,
und was du sparst, verwalte ich.
Damit wirst du dich selbst beschenken,
und ich verdopple es für Dich!"
Bei jedem Treffen strahlte er,
wenn er dem Freund Erspartes gab,
und sagte: „Wieder etwas mehr
von dem, was ich erübrigt hab'!

Es war ein knappes Jahr vergangen,
da sprach der Freund zu diesem Mann:
„Du bist die Schritte nun gegangen
nach meinem Rat, den ich ersann.
Nun kannst du zu dem Schneider geh´n,
der Maßanzüge schneidern kann,
und eines wirst du wohl versteh´n –
aus unser´m Fonds zahl´n wir ihn dann.

Ja, weit´re Schritte sind ´s beim Schneider,
die wirst erfreut du selber geh´n.
Nach Fertigstellung gibt es Neider,
die dich in deinem Anzug seh´n!"
Dem Freund dankte er für die Tat
und rief, als sich sein Blick erhellt:
„Dank auch für deinen guten Rat –
ich hab´ das Rauchen eingestellt!"
Klaus G. Lonvitz

N

NEUBAU

Hurra, wir bauen uns ein Haus,
der Grundriss sieht vollendet aus.
Der Meister kommt zur Inspektion,
das Fundament baut gleich sein Sohn.
Elektrik übernimmt ein Mann,
der nichts gelernt, doch alles kann.
Dann muss auch noch ein Klempner her,
die Auswahl fällt bestimmt nicht schwer.
Der Sohn vom Meister kannte einen,
der steht im Leben auf zwei Beinen.
Ob Tischler, Maler und so weiter –
ein jeder scheint recht froh und heiter.

Nur wir schau´n voller Sorgen drein –
wann wird das Haus mal fertig sein?
Das Bad gefliest, die Rohre fehlen...
Was soll ich euch nun noch erzählen?
Die Tür zum Keller scheint vergessen,
da hat der „Fachmann" sich vermessen.
Von Teamarbeit nicht eine Spur –
das Geld war futsch, eh´ ich´s erfuhr.
Das Ganze sieht partout so aus,
als ständ´ es schief, das neue Haus.
Jetzt klagen wir jahraus – jahrein –
am Ende wird ´s ein Luftschloss sein ...
Rosel Ebert

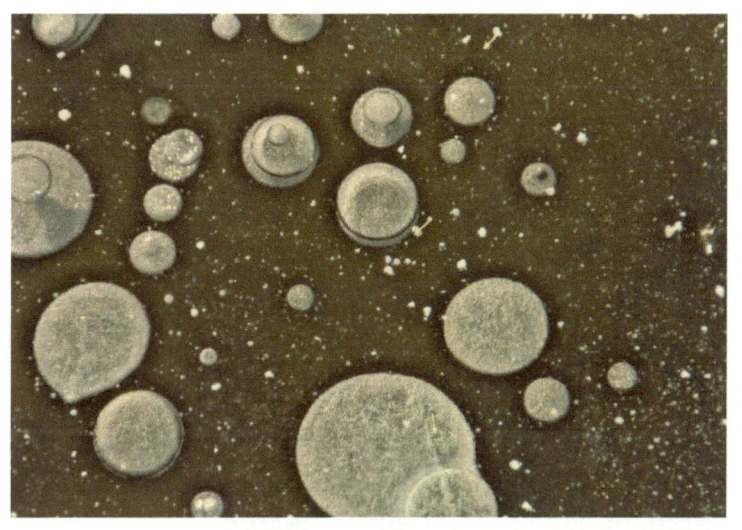

OPFER DER UNKENNTNIS

Ein Mensch,
der Muskeln hat, die schmerzen,
versucht, das Leiden auszumerzen.
Der Doktor sagt ganz nebenbei,
dass es am Hals ein Wirbel sei,
der jene Schmerzen provoziert.
Doch hat er sich damit blamiert,
denn unser´m Mann geht es nicht besser.
Nun soll er gar noch unter ´s Messer.
Die Schulter hätt´ ´nen Bänderriss,
ist sich ein andrer Arzt gewiss.

Der Mensch, voll Zweifel ob der Lage,
stellt diese Antwort klar in Frage.
Geht zu ´nem Dritten und hört nun,
er sei im Stress und solle ruh´n.
So liegt er dann – die Muskeln schmerzen,
versucht, sein Leiden auszumerzen.
Sucht einen vierten Doktor auf,
der schaut ihn an und kommt gleich drauf:
Er sagt ganz locker nebenbei,
dass es am Hals ein Wirbel sei.

So geht der Mensch im Kreise weiter,
der Schmerz, er bleibt – doch leider, leider,
weiß niemand, wie er helfen soll.
Der Mensch – er hat die Nase voll!

Rosel Ebert

48

P

PHILOSOPHIE DES LERNENS

Lernen
wissen
zweifeln
irren
klüger werden –
wieder und wieder.

Was sein muss
muss sein!
Rosel Ebert

Q

QUADRATUR DER JAHRE

Wer sagt, er kennt die Quadratur des Kreises,
der spricht damit was Dummes und nichts Weises.
Dagegen ist die Quadratur von Jahren
gleich zweifach möglich, wenn wir so verfahren.

Die Zahlen 10 bis 14 nur
geleiten in die Quadratur. –
Erst drei davon, dann zwei quadrieren
und diese dann darauf addieren.
$$10^2 + 11^2 + 12^2 = 365$$
$$13^2 + 14^2 = 365$$
Sie zählen alle Jahrestage,
das ist doch schön, ganz ohne Frage.

Im Schaltjahr hat der Februar
ja neunundzwanzig Tage gar.
Drei Zahlen helfen: 2 – 4,
und wundernd staunt man dann auch hier.

Auch hier muss man die drei quadrieren
und die Quadrate auch addieren.
$$2^2 + 3^2 + 4^2 = 29$$
Die Neunundzwanzig wird erreicht,
die seinen Tagen dann auch gleicht.
Die Zahlen bieten Wunderbares –
sogar die Quadratur des Jahres.
Klaus G. Lonvitz

R

RESUMÈ oder
DIE ALLMACHT DES MENSCHEN

Die Allmacht des Menschen –
ein kühner Traum!
Doch was treibt ihn an? –
Die Einsicht wohl kaum,
dass mit Gieren nach Macht
auch der Untergang naht.
Er schreitet voran
auf gefährlichem Pfad.
Beherrschen will er
mit Macht die Natur,
das Schicksal, die Götter,
die eigene Spur.

Der Mensch will Erkenntnis.
Nur ihm ist gegeben,
mit Verstand zu gestalten
das eigene Leben.
Wahrnehmen, erkennen
und verstehen
muss in bewusstem Handeln
zusammengehen.

Die Triebfeder
ist dem Menschen bekannt,
er hat sie Bewegung
und Fortschritt genannt.

Treibt Wissenschaften
in stetigem Lauf,
hinter Wände zu blicken
gelingt ihm zuhauf.
Erst denken, dann handeln
sei ihm geraten.
Doch kennt die Menschheit
auch schändliche Taten.
Es wecken die Träume
des Menschen Gier,
er will immer mehr
im Jetzt und im Hier.

So droht der Befreiung
erneut Sklaverei,
und der Traum vom Menschsein
ist bald schon vorbei.
Den Namen „Mensch"
verdient der nicht,
der die Allmacht missbraucht
und mit Schwertern ficht.
Ein wahrer Mensch –
ganz gleich, was er tut –
sei ebenso edel,
wie hilfreich und gut.
Rosel Ebert

S

STAMM-BAU(M)

Holz ist kantig,
rau und grantig.
Erst, wenn es geglättet
und eingefettet,
schmeichelt's der Hand
wie ein samtenes Band.

Manch grober Klotz
steht wie ein Protz.
Wird er gespalten,
kann man Gestalten
erhalten.

Aus mächtigem Stamm,
gerade und stramm,
werden Balken und Bretter –
widerstehen dem Wetter.
Es wurde daraus:
EIN HAUS!
Volker Krastel

T

TRÖPFCHEN ZWISCHEN HIMMEL UND ERDE
oder
„WO KOMMT DER REGEN HER?"
für meine Urenkelin Elina

Denk Dir, die Sonne erwärmt das Meer.
Die Wassertröpfchen freuen sich sehr
und schweben nach oben auf sanfte Weise.
Und denk Dir, auf dieser himmlischen Reise
sind unzählige kleine Tröpfchen dabei,
als ob es aus Dampf eine Nebelwand sei.

Ich schaue Dich an und merke, Du weißt,
dass ein solcher Nebel „Wasserdampf" heißt.
Ein „Dampfbad", sagst Du dann geschwind,
das kennt vom Schnupfen her jedes Kind.
Doch ist es Dir lieber, der Dampf bleibt am Meer,
denn ehrlich gesagt, Du magst ihn nicht sehr.

Noch immer machen die Tröpfchen nicht Halt.
Sie steigen höher und werden kalt.
Auch größer und schwerer, bis man sodann,
sie mit bloßem Auge sehen kann.
Ja richtig: als Wolken! Du kannst sie erkennen
und nach ihrer Form mit Namen benennen.

So manches Mal wird man aus ihnen nicht schlau,
erst sind sie schlohweiß und dann dunkelgrau.
Stehen nur weiße Wölkchen am Himmel,
dann reiten die Tröpfchen leicht auf dem Schimmel
mitsamt ihrer Wolke durchs Himmelszelt,
und wir merken, dass nicht eines herunterfällt.

Doch bei Kälte können Tropfen nicht „fliegen",
und so heißt es: „Wir werden Regen kriegen!"
Die Erde wird nass, und es füllt sich das Meer,
die dunkle Wolke scheint plötzlich ganz leer.
Mit den Sonnenstrahlen – so wie es begann –
fängt der Kreislauf des Wassers von vorne an.
Rosel Ebert

U

UNKENRUFE

Wir sitzen rum und fragen: Wie geht´s weiter?
Die digitale Welt hat uns verändert.
Noch halten wir uns ja für viel gescheiter,
derweil der Wahnsinn weiterschlendert.

Es wird versucht, den Erdball zu beschützen,
mit Platitüden, die dann doch nicht greifen.
Nur wird all das Getue gar nichts nützen,
Naturgesetze werden uns was pfeifen!

Wir Menschen sind dann Rädchen im Getriebe
der Welt, wo Logik die Gesetze schreibt.
Vergessen werden Harmonie und Liebe,
bis bald nichts Menschliches mehr übrig bleibt!

Volker Krastel

„Die künstliche Intelligenz (KI) kann mittlerweile so ziemlich alles, was <Denken> erfordert, aber kaum etwas von dem, was Menschen <gedankenlos> tun – das ist irgendwie schwieriger."
Informatiker Donald Knuth, Stanford Universität

V

VERDAUUNG

Ein Mensch, vom Hunger ganz besessen,
weiß, in dem Fall hilft's nur zu essen:
Rein in den Mund,
dann weiter zum Schlund.
Ein Rutsch in den Magen,
ohne zu fragen.
Enzyme, Fermente kommen hinzu –
ein breiiges Etwas entsteht so im Nu.
Das windet sich durch viele Schlingen,
die Nahrungsreste weiter bringen.
Vom Dünn- zum Dickdarm geht's beweglich;
so manches Mal wird's unerträglich,
wenn Luft im engen Schlauche drückt.
Der arme Mensch wird ganz verrückt!
Doch ist auch das dann bald geschafft,
und die Osmose, ohne Kraft,
vollzieht sich unbemerkt im Stillen.
Der Mensch braucht nun den ganzen Willen;
zum Drücken nutzt er Bauch und Po –
und sitzt verdrossen auf dem Klo.
Anmerkung:
Wie man das Ganze dreht und wendet,
der Algorithmus ist beendet.
Liest wer 'ne Zeitung beim Geschäft,
so passt's in unserm Falle schlecht.
Denn damit bringt er, das ist Fakt,
den Algorithmus aus dem Takt.

Rosel Ebert

W

WERDEN UND VERGEHEN

Aus dunkler Erde wächst die Saat –
ein Hälmchen erst, dann dicht an dicht.
Man spürt, dass jetzt der Aufbruch naht,
die Sonne wärmt mit hellem Licht.

Dann wird es grau. Uns bleibt des Nebels Hülle,
die den Gefühlen Unterschlupf gewährt.
Natur verzichtet auf der Sommerfarben Fülle –
der Lebenslauf geht nunmehr umgekehrt.

Es ist das Werden, das mit dem Vergehen
Mensch und Natur in einen Kreislauf band.
Nur so kann diese Welt in sich bestehen,
ein Genius war´s, der dieses Spiel erfand.
Rosel Ebert

X

X-BELIEBIGES:

DIE BOCKWINDMÜHLE VON WILHELMSHÖHE

Nahe der Oder, auf einer Erhebung,
steht sehr groß und mächtig, auch stolz,
weit sichtbar in der ganzen Umgebung
eine Bockwindmühle aus Holz.

Vor einhundertdreißig Jahren erbaut,
mahlt sie seitdem weiter, bis heute.
Das Außenholz ist schon lange ergraut,
doch staunen noch immer die Leute.

Holzräder greifen ineinander
und Windkraft dreht die Flügel.
Mühlsteine liegen aufeinander,
den Abstand regelt ein Bügel.

Was sich hier alles hebt und senkt
und ächzt und schiebt und dreht!
Wir staunen, und ein jeder denkt,
ein Wunder, dass das geht.

Es bleibt die Ehrfurcht vor dem Alten,
der Müh, dem schweren Tun.
Es gilt, solch Kleinod zu erhalten,
da gibt es kein Vertun.

Fast hätte man sie im Krieg gesprengt.
Weil der Müller geweint und gefleht,
hat ein Oberleutnant eingelenkt,
dass noch heute die Windmühle steht.
Volker Krastel

Y

Y – DIE UNBEKANNTE GRÖSSE
oder DAS WELTGERICHT

In uns´rer Schrankwand steht ein Ei,
das brach vor langer Zeit entzwei.
Ein Monstrum schaut recht keck heraus,
sein Zustand macht ihm gar nichts aus –
denn in dem Körper steckt ein Spieß!
Es wurde irgendwann ganz fies
durchbohrt im Ei von hinten her.
Auf Beinen steht es, das ist fair,
gemütlich bei uns hinter Glas.
Das ganze macht ihm sicher Spaß.
Einst ist es aus dem Bild gesprungen,
was ihm zu seinem Glück gelungen.

Im Triptychon vom Maler Bosch
sind Menschen, Viecher, auch ein Frosch,
die alle Unheil tun und leiden.
Wollt´ unser Monstrum sich verkleiden?
Steht lässig bei den Sündern nun.
Wer die bestraft, der hat zu tun:
Schlitzt einen auf, erwürgt den ander´n,
die schließlich in die Hölle wandern.
Manch einer wird gebacken gar,
der übler als die ander´n war.
Die Strafe folgt jetzt auf dem Fuß.
Das ist der Weisheit letzter Schluss:

Die Dummheit bricht sich ihre Bahn,
so packt der Teufel jeden an.
Scheinheilig, maßlos, ohne Sitten
wird in der Welt gezankt, gestritten.
Einst aus dem Paradies vertrieben,
ist nur der Untergang geblieben.
Der Weltenrichter tritt hervor,
umringt von einem Engelschor.
Gerechte Strafe bleibt nicht aus,
es büßen alle, Mann und Maus.
Nur jenes Monstrum steht noch immer
in alter Pracht bei uns im Zimmer…
Rosel Ebert

Ausschnitt

65

Z

ZUKUNFTSHOFFNUNG

Grün ist die Hoffnung und grün der Wald.
Das Grüne soll jedermann schützen.
Doch machen wir weiter so, merken wir bald,
selbst Gutwilligkeit wird nichts nützen.

Doch wer soll nun all die Probleme lösen?
Seit Jahren steht diese Frage im Raum.
Die etwas tun könnten, streiten und dösen;
die Gegenwart scheint wie ein böser Traum.

Experten hoffen auf Algorithmen.
Doch keiner weiß, wohin das führt.
Lohnt es, sich Utopien zu widmen,
damit man wieder Hoffnung spürt?

Wer kann die Computerwelt noch kontrollieren?
Die Datenflut steigt
bis ins Uferlose.
Ohne Schrittmaß
wird schließlich der
Mensch verlieren –
und trotzdem
pflanz´ ich
eine neue Rose!
Volker Krastel

DAS FUNDAMENT DER DICHTKUNST
IN EIGENER SACHE

JA, die Überschrift ist hoch gegriffen. Und NEIN, wir werden Sie nicht mit theoretischen Ausführungen über Poetik, die von Aristoteles entwickelten Grundlagen der Dichtkunst und deren Fortführung bis in die heutige Zeit langweilen. Obwohl sich auch – und vielleicht gerade damit – der Algorithmus des Schreibens im engeren und weiteren Sinn belegen lässt.

Schritt für Schritt wurde und wird selbst am Fundament gebastelt. Allerdings, wie wir glauben, nicht immer nur zum Besten. Solche literarischen Begriffe wie Metrik, Versmaß, Gedichtform, Kurzgeschichte, Novelle, Erzählung, Essay, Roman und viele andere noch sind in ihrem Wesen und ihrer Form für die Kunst des Dichtens unverzichtbar. Ohne eine feste Grundlage gerät jeder Überbau ins Wanken.

Ein Fundament ist also das wichtigste Element einer Sache, die auf stabilem Fuß stehen soll. Der weitere Aufbau wird zu einem Prozess, in dem es Schritt für Schritt bis zur Fertigstellung vorangeht – ob es sich nun um ein Gebäude, ein Gedicht oder ein anderes planmäßig anvisiertes Lebenswerk handelt.

Doch bereits mit der Errichtung eines Fundaments muss klar sein, welche Bausteine im Weiteren verwendet werden sollen. Jeder, der den Hang verspürt, lyrische und prosaische Texte schreiben zu wollen, wird zuerst über Ideen und inhaltliche Stoffe nachdenken, die es für sich selbst und für andere festzuhalten lohnt. Mit einem reichen Schatz an Worten wird der Zement angerührt, der die Steine fest zu einem Ganzen zusammenfügt.

So entwickeln sich jede Zeile, jeder Vers, jedes Gedicht, jede Erzählung oder jeder Roman von den Grundgedanken über Inhalt und Form bis zum ausgereiften fertigen Gebäude. Selbst dann, wenn der Dichter während des Baus geneigt ist, dieses oder jenes Fenster, vielleicht sogar eine Tür, verschieben zu wollen, zeigt das Fundament ihm die Richtung. Was für eine Erleichterung wird er verspüren, wenn der letzte Ziegel auf dem Dach seinen rechten Platz gefunden hat.

Bitte glauben Sie uns, wir können ein Lied davon singen!

Rosel Ebert, Volker Krastel, Klaus G. Lonvitz

ROSEL EBERT

IDEEN – FRISCH GEPRESST

Meine Ideen
schwirren durch den Raum
in Hülle und Fülle.

Ich nehme einen Sack
und fange sie ein.

Sie wispern und knistern,
sie plustern sich auf.

Der Sack droht zu bersten –
ich setze mich drauf.
Dann schau ich hinein,
nehm eine heraus:

Frisch gepresst
wurde aus dem EIFER
eine REIFE Idee.

ANFANG UND ENDE

Im Wechselspiel
der Buchstaben
entstehen
Worte.

Sie hängen
an einer Leine
und spielen
„Stille Post".
Jedes hat
seine Bedeutung,
jedes hat
seinen Sinn.

Die Leine
wird lang
und
länger.

Nicht
ahnend,
was am Ende
herauskommt –

bin ich
auf
ALLES
gefasst...

SCHREIBEN IST ORDNEN...

Schreiben ist ordnen,
Gedanken sortieren;
Wörter nach sinnhafter
Auswahl gruppieren,
in metrischem Gleichklang
bewusst arrangieren;
ein wenig auch
mit dem Reim spintisieren.

Die Ordnungsprinzipien –
sie laufen stets mit.
Im Rhythmus des Schreibens
geht's so Schritt für Schritt...

ICH BIN KEIN SCHILLER

Ich bin kein Schiller!
Doch ich liebe
das Spielen mit Worten,
wenn die Reime entfliehen
und sich die Silben
im Widerhall fangen.

Ich bin kein Schiller!
Doch ich spüre
die Seele der Verse,
wenn alle Sinne tanzen
und sich Gefühle
im Kreise drehen.

Nein, ein Schiller bin ich nicht!
Doch ich lege
im Banne der Götter,
wenn die Gedanken fliegen
und Freudentränen
vom Himmel fallen,
dem Dichter
der Ode
mein sprechendes Herz
zu Füßen.

AN EINEN FREUND

Teurer Freund! Was soll es nützen,
stets ein altes Lied zu leiern?
Nein, wir bleiben niemals sitzen
auf althergebrachten Eiern.

Wir sind schlau, denn wir ergattern
manche Scheiben von den Küchlein.
Reime finden sich und flattern,
und wir sperr'n sie in ein Büchlein.
(frei nach Heinrich Heine)

VOLKER KRASTEL

DIE SCHWIERIGKEIT EIN GEDICHT ZU FERTIGEN

Ich suche Worte und finde Silben.
Ich suche Orte, wo Bücher gilben.
Ich höre im Rauschen des Waldes ein Lied.
Nur weiß ich nicht, was beim Dichten geschieht.

Ich trinke Wein und ich fühle Esprit,
doch bei Stillem Wasser spür ich das nie!
Soll ich von nun an, um Worte zu finden,
dem Weine frönen und anderen Sünden?

Ich denke nach und komme zum Schluss:
Die Fantasie selbst ist ein Genuss!
Alles, was in ihr steckt, will ich begreifen,
und so werden meine Gedichte reifen.

SPRUCH

Wer stets sich mit dem Wort beschäftigt,
nicht nur die Grauen Zellen kräftigt.
Er kann, wie andere beim Singen,
mit Versen Spaß und Freude bringen.

DAS DICHTEN

Der Hintergrund der Dichterei:
Es soll am Schluss was übrigbleiben.
Doch ist die Schwierigkeit dabei,
die Dinge formschön aufzuschreiben.

Der Leser soll sich angesprochen fühlen,
das Dichterwort ihn innerlich berühren!
Der Autor sitzt sonst schnell vor leeren Stühlen,
und von Erfolg ist dann wohl nichts zu spüren.

Von der Idee zu den gereimten Zeilen
ist's oft ein langer Weg mit Hindernissen.
Man muss bei manchem Wort endlos verweilen,
und dann wird das Geschriebene zerrissen.

GEBET EINES POETEN

Ich wünsche mir vom Dichtergott,
dass er mich inspiriert
und aus dem eingefahr'nen Trott
zu neuen Ufern führt.
Es muss nicht gleich Arkadien sein,
wo Milch und Honig fließen.
Mir reicht ein Glas voll rotem Wein,
dass die Ideen sprießen.
Hör' ich dazu dann noch Musik,
fang' ich zu träumen an,
und Poesie, die bisher schwieg,
steigt in mir auf alsdann…

DICHTKUNST

Man kann ja über Rilke streiten,
da er den Schatten sieht im Licht.
Was sichtbar ist in unsren Zeiten,
macht blind, und Blinde sehen nicht.

Die Augen als der Sinne Adel
verschaffen uns den Überblick.
Jedoch bei Dunkelheit im Stadel
ist unsichtbar das weitere Geschick.

Ich lob in
dichterischem
Spiele die eig´ne
Dichtkunst
unbeseh´n.
Und dies führt
immer dann
zum Ziele,
wenn Sinn und
Wort zusammen-
geh´n.

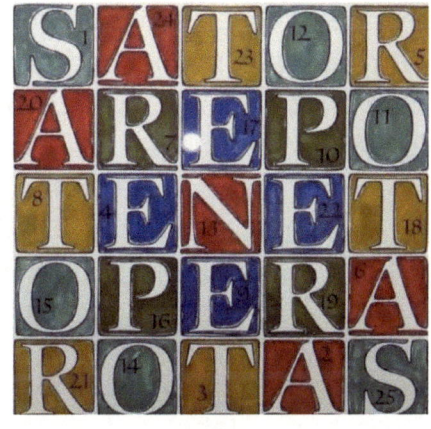

```
         A
         *
         P
         A
         T
         E
         R
A* PATERNOSTER * O
         O
         S
         T
         E
         R
         *
         O
```

77

KLAUS G. LONVITZ

DICHTEN

Er wollt´ in seinem Leben dichten,
aufs Versmaß aber doch verzichten –
Lektoren machten da nicht mit –
nun werkelt er mit Werg und Kitt.

VERSMAßE

Das leichte Versmaß Jambus,
man lernt es leicht mit Bambus,
dem Süßgras mit besond´rem Klang.
Zwei Stäbe davon, nicht zu lang,
klopft man leis, laut – leis, laut – leis, laut.
So ist der Jambus aufgebaut.
Ja, leis ist Senkung, laut die Hebung,
bringt Versen jambische Belebung.

Das Gegenteil ist der Trochäus,
den kannte auch schon Ptolemäus.
Da geht die Hebung stark voran
und hängt sich eine Senkung an.
Wie im Gebirge Berge, Täler,
so wechseln diese Versmaßzähler.
Will Wucht man einem Vers verleihen,
dann sollt trochäisch er gedeihen.

Ganz anders ist der Daktylus,
hat Senkungen im Überfluss.
Mit heben, senken, nochmals senken
muss man im Vers die Worte lenken.

Daktylisch sind oft Hexameter –
in Epik ist er Hauptvertreter.
In solchem Fall hat er ein Plus,
der oft gebrauchte Daktylus.

Das Gegenstück, der Anapäst,
der Dichter gern verwirren lässt;
denn Senkung, Senkung, eine Hebung
ist hier die maßliche Bestrebung.
Dem Jambus ähnlich, so erkannt,
wird Doppelsteiger* er genannt.
Zweisilbig senkend, hebend dann –
die Kunst, die nicht gleich jeder kann.

Der Amphibrachys – hier im Land –
von Laiendichtern kaum gekannt,
bereitet manchem Kopfzerbrechen,
ihn rollend rhythmisch auszusprechen;
denn leis – laut – leis und leis – laut – leise
ist amphibrachysch diese Weise.
Das sind des Dichters große Nöte –
sogar bei dem Geheimrat Goethe.

Zwei Nachbarsilben – zweimal laut,
damit ist keiner wohl vertraut –
Spondeus – hier zwar unbekannt,
jedoch benutzt in Griechenland,
auch in lateinischen Gedichten
konnt´ man auf ihn doch nicht verzichten.
Die deutschen Dichter könn´n sich freu´n,
sie dürfen diesen Versfuß scheu´n.

so nannte ihn Ivo Braak

79

POETEN IN NÖTEN

Manchmal sind wohl die Poeten,
wirklich oft sogar in Nöten.
Ist der Kopf'ne leere Hülle,
fehlt es an Gedankenfülle –
haben Phantasien ein Leck,
schaffen sie 's durch Dichtung weg.

Ist das Leck dann so geschlossen,
werden Worte ausgegossen.
Wenn sich viele Seiten füllen,
lässt sich die Verzweiflung stillen,
und sie tippen froh und munter
alle ihre Texte runter.

Lehnen sie sich still zurück,
fühl'n sie sich wie Hans im Glück.
Hauen ihnen die Lektoren
dann die Werke um die Ohren,
stell'n sich neue Nöte ein –
die Lektoren sind gemein.
Insgeheim kannt' diese Nöte
wohl auch der Geheimrat Goethe.

SPRUCH
Es gibt Literaten, die selbst mit
einem Buch vergleichbar wären,
da sie sehr vielseitig sind.

FREUDE EINES POETEN

Wenn auf dem Felde Saaten keimen
und Vögel zwitschern, lieblich singen,
auch im Gedicht sich Verse reimen,
ja, Instrumente fröhlich klingen,
dann fühlt der Dichter tiefes Glück.
Sein Herz ist auch in wildem Sprunge,
er denkt an früh´re Zeit zurück
und fühlt sich wie ein kleiner Junge.

Dann schwelgt er in Erinnerungen,
sieht viele Bilder im Erwachen.
Er freut sich – viel ist ihm gelungen –
und über manches muss er lachen.
Wenn sich dann die Gedanken straffen
und seine Sinne sich beflügeln,
verspürt er große Lust zum Schaffen –
kann seine Feder nicht mehr zügeln.

Wenn ihm die Verse gut gelingen
und wächst das lyrische Gebäude,
dann wird ´s ihm inn´re Ruhe bringen –
er spürt sehr tiefe Lebensfreude.
Wenn ´s dann so ist, dass Leser sagen:
„Ihm ist ein Meisterwerk gelungen",
dann freut er sich an vielen Tagen –
vom Glücksgefühl ist er durchdrungen.

NOCH EINMAL
SCHRITT FÜR SCHR ITT

IN DER SPUR
VON
PHILOSOPHEN UND PSYCHOLOGEN

I.

Es mangelt nicht an vielen Doofen,
es fehlen vielmehr Philosophen.
Sie lenken uns im Taggetriebe
durch Wissens- und auch Weisheitsliebe.

Das Streben nach Vernunft und Wahrheit
befördern sie – in großer Klarheit
verändern sie der Menschen Sichten
auf wichtige Gesellschaftspflichten,
zu Tieren, Pflanzen, Elementen.
Sie zeigen, was die Menschen könnten,
wenn sie bewusst nach Bildung strebten
und dadurch wirklich mehr erlebten.

Ja, ihre Worte sind wie Gleise,
sie führ'n zu neuer Denkungsweise,
auch zu vernünftigem Verhalten
und zum Verhindern von Gewalten.
Klaus G. Lonvitz

II.

Es gibt dann noch die Depressiven,
die abwesend die Welt verschliefen,
gäb´ es nicht kluge Psychologen,
die stets das Leid zurechtgebogen.

Die einen, die die Couch erwählen,
lassen sich tief im Schlafe quälen,
bis sie des Übels Anfang finden,
und so das Elend überwinden.

Den anderen mit den Phobien,
helfen Verhaltenstherapien.
Der Ängste gibt´s unendlich viele,
die heilt der Therapeut im Spiele.

Hypnose und Gespräche kommen
bei den Verschwiegenen und Frommen
zum Einsatz, um sie froh zu stimmen
und auf Gelassenheit zu trimmen.

So kann der Mensch sein Leben meistern,
sich selbst für Lug und Trug begeistern.
Des Psychologen Ziel für jeden
heißt: Schlechtes, stoisch schön zu reden!

Rosel Ebert

III.

Wer will sie schon in uns´ren Breiten –
die Dogmen der Gelehrsamkeiten?
Wir können es nicht mehr verhehlen,
uns würde ohne sie nichts fehlen.

Es brauchen Menschen stets die ander´n,
um Hindernisse zu durchwandern.
Ganz allgemein gilt die Erkenntnis:
Notwendig ist und bleibt Verständnis!

Wir leben leider heut´ in Zeiten,
wo Menschen ständig lauthals streiten.
Statt gegenseitig beizustehen,
heißt die Devise: Hals umdrehen!

Was nutzen denn die Theorien,
wenn Menschen vor der Weisheit fliehen?
Der Weisen Wissen wird nichts bringen,
wenn Anwendungen stets misslingen!

FAZIT:
Mit Bildung ist kein Staat zu machen,
bis wir das Feuer selbst entfachen!
Volker Krastel & Rosel Ebert

IM RHYTHMUS DES ALGORITHMUS

Schritt für Schritt komm´n Europäer –
mancher Sache immer näher.

Schritt für Schritt – läuft der Deutsche immer mit.

Stap voor stap – geht der Niederländer ab.

Шаг за шагом – ruft der Russe – ja, ich komm!

Стъпка по стъпка – schreit der Bulgare – bin schon da!

Trin for trin – schlurft der Däne bedächtig hin.

Step by step – rennt der Brite – mit viel Pep.

Pas à pas – kommt der Franzos' dem Weinfaß nah.

Passo dopo passo – flitzt der Italiener beim Wort >Inkasso<.

Paso a paso – streift der Spanier zum Palacio.

Krok po kroku – treiben Polen dem Ziele zu.

Lépésröl Lépésre – stapfen Ungar'n hin zum Plattensee.

Klaus G. Lonvitz

ANHANG FÜR WISSBEGIERIGE
von *Klaus G. Lonvitz*

ZAHLENMAGIE

Wer dieses Fach nicht mochte – Mathe,
jedoch wohl magische Quadrate –
der hat wohl Zahlen gut gefunden –
sie füllten manche Mußestunden.
Wer peu á peu sie schaffen kann,
fühlt sich total beglückt sodann.

Der Kupferstich von Albrecht Dürer
war dazu wohl der Hauptverführer.
„Melancholie" – der Titel ist ein Pfad –
er zeigt das erste magische Quadrat,
das man so dargestellt wohl fand
in uns´rer Welt, im Abendland.

16	3	2	13		16	**15**	**14**	13
					12	11	10	9
5	10	11	8		8	7	6	5
	●				4	3	2	1
9	6	7	12					
4	**15**	**14**	1					

Der Kupferstich
entstand
im Jahr **1514**

Ausschnitt

87

Ja, magisch ist dies Zahlquadrat;
denn da es gleiche Summen hat
durch Addition in Zeilen, Spalten
wird 34 man erhalten.
Die Summe haben auch die Zahlen
sogar in beiden Diagonalen.

Es ist magischer als man denkt,
wenn man den Blick zum Punkte lenkt.
Vier Zahl´n, die von ihm aus geseh´n
in gleicher Lage zu ihm steh´n –
sie liefern selbiges Ergebnis –
man spürt ein magisches Erlebnis.

Die vier, die rings ums Zentrum steh´n (10 + 11 +   6 + 7 = 34)
und die, die wir als Eckzahl´n seh´n.   (16 + 13 +   4 + 1 = 34)
An Ecken Vierergruppenzahlen,   (16 +   3 + 10 + 5 = 34)
die Ecknachbarn der Diagonalen.   (2 + 13 + 11 + 8 = 34)
                                         (9 +   6 + 4 +15 = 34)
                                         (7 + 12 + 14 + 1 = 34)
                                         (5 +   3 + 14 +12 = 34)
                                         (2 +   8 + 9 +15 = 34)
Die Eckzahlnachbarn im Uhrzeigersinn,   (3 +   8 + 14 + 9 = 34)
dieselben – anders im Gegensinn.   (5 + 15 + 12 + 2 = 34)
Zahlpaare zwischen Ecken vis à vis,   (3 +   2 + 15 + 14 = 34)
mit selbem Ergebnis –   (5 +   9 + 8 + 12 = 34)
man glaubt es nie!

ZAHLENZAUBER

Mit Zahlen unterhaltend spielen
führt oft zu wundersamen Zielen.
Wenn algorithmisch sie verlaufen
könnt´ man ´s als Hexerei verkaufen.

Die Summe der Brüche bleibt kleiner als 1.

$$\frac{1}{1x2} + \frac{1}{2x3} + \frac{1}{3x4} + \frac{1}{4x5} + \frac{1}{5x6} + \frac{1}{6x7} + \frac{1}{7x8} + \frac{1}{8x9} + \dots + \frac{1}{116x117} + \dots$$

Es sind fortlaufend die Brüche mit dem Zähler 1 und im Nenner die Produkte aller möglichen Zahlenpaare benachbarter Zahlen. Es ist eine Summe von unendlich (∞) vielen Summanden dieser Art.
Man hat also:

$$\frac{1}{2} + \frac{1}{6} + \frac{1}{12} + \frac{1}{20} + \frac{1}{30} + \frac{1}{42} + \frac{1}{56} + \frac{1}{72} + \dots + \frac{1}{13572} + \dots$$

Daraus folgt:
0,5 + 0,1666666 + 0,0833333 + 0,05 + 0,0333333 +
0,0238095 + 0,0178571 + 0,0138888 +.........
+ 0,0000736 +.........

0,5 + 0,1666666 …	=	0,6666666 …
0,6666666 + 0,0833333 …	=	0,7499999 …
0,7499999 + 0,05	=	0,7999999 …
0,7999999 + 0,0333333	=	0,8333333 …
0,8333333 + 0,0238095	=	0,8571428 …
0,8571428 + 0,0178571	=	0,8749999 …
0,8749999 + 0,0138888	=	0,8888888 …

(Der Wert von 1 / 13572   = 0,0000736 also schon sehr klein)

Nach schrittweiser Addition dieser Dezimalzahlen erkennt man, dass der Zuwachs in den Ergebnissen immer kleiner wird. Auch nach mehreren tausend Additionen dieser Brüche wird die 1 nur annähernd erreicht.

Die 1 würd´ man zwar so erreichen –
´ne Plage wär ´s könnt ´s Hirn erweichen.
Doch als ein Wunder könnt man ´s seh´n –
ganz überraschend und auch schön.

Unendlich viele Bruchsummanden,
die sich durch Addition verbanden,
als Summe nur zur 1 gelangen?
Das rötet einem wohl die Wangen!

Wär'n die Bruchnenner 4,3,2,
die Bruchzähler auch 1 dabei,
dann würd'die Summe von den drei'n
doch größer als die 1 schon sein.

($\frac{1}{4}$ + $\frac{1}{3}$ + $\frac{1}{2}$ = 3/12 + 4/12 +6/12 = 13/12 > 1)

Die Algorithmen – welche Freude –
sie füllen herrlich Denkgebäude.
Man hört so manche Menschen raunen:
„Mit Zahlen kommt man oft ins Staunen".

ZAHLENPALINDROME

Zahlenpalindrome sind Zahlen, die vorwärts und
rückwärts gelesen dieselbe Zahl liefern. Man kann sie
auch als symmetrische Zahlen bezeichnen. Auch diese
lassen sich schrittweise (oder iterativ) finden, indem
man eine gegebene Zahl mit ihrer rückwärts geschrie-
benen Zahl addiert.
Bei zweiziffrigen Zahlen, deren Quersumme maximal 9
beträgt, braucht man nur einen Schritt dazu.

Beispiele:

12	13	14	15	16	17	18	23
+21	+31	+41	+51	+61	+71	+81	+32
33	**44**	**55**	**66**	**77**	**88**	**99**	**55**

24	25	26	27	34	35	36	45
+42	+52	+62	+72	+43	+53	+63	+54
66	**77**	**88**	99	77	**88**	**99**	**99**

Bei Zahlen mit größeren Quersummen sind es schon mehrere Schritte.

93	85	76	68	97	57
+39	+58	+67	+86	+79	+75
132	143	143	154	176	132
+231	+341	+341	+451	+671	+231
363	**484**	**484**	605	847	**363**
			+506	+748	+363
			1111	1695	726
				+5961	+627
				7656	1353
				+6567	+3531
				14223	**4884**
				+32241	
				46464	

WIE FINDET MAN DIE QUADTRATZAHLEN NUR MIT DER ADDITION?

Wie furchtbar hat es wohl mancher in der Schule empfunden, wenn er die Quadratzahlen der Zahlen von 1 bis 25 hersagen sollte. Das stupide Auswendiglernen war ja zumeist gehasst. Aber mit diesen Quadratzahlen ist, wenn man will, eine Iteration verbunden, das heißt, dass man zu diesen Zahlen auch schrittweise nur mit der Addition gelangen kann.

Man nimmt die Folge der ungeraden natürlichen Zahlen 1, 3, 5. 7, 9, 11, 13, 15, 17, 19, 21, 23, 25, 27, 29, 31, 33, 35, 37, 39, 41, 43, 45, 47, 49, 51, 53, ...

Setzt man die **1**, deren Quadratzahl auch **1** ist in die erste Position und addiert peu á peu die folgenden dazu, dann gelangt man auch auf diese Weise zu den Quadratzahlen.

1

$1+3=$**4**

$1+3+5=$**9**

$1+3+5+7=$**16**

$1+3+5+7+9=$**25**

$1+3+5+7+9+11=$**36**

$1+3+5+7+9+11+13=$**49**

$1+3+5+7+9+11+13+15=$**64**

$1+3+5+7+9+11+13+15+17=$**81**

$1+3+5+7+9+11+13+15+17+19=$**100**

u. s. w. →

```
1 | 3|  5| 7| 9|11  →
3  3|  5| 7| 9|
5  5   5| 7| 9|      .
7  7   7  7| 9|
9  9   9  9| 9|
11 →
```

Diese Treppe ist von unendlicher Länge – ihre Stufen sind fortlaufend mit den Quadratzahlen benannt. Niemand wird alle Stufen, wohl auch nicht gedanklich, begehen – er wüsste aber, das auf der 1000. Stufe die Zahl **1000000** steht.

Diese so erhaltene Treppe läßt sich aber auch in einer linearen Form, also als ebene Straße, darstellen.

<u>1</u>$+3=$<u>**4**</u>$+5=$<u>**9**</u>$+7=$<u>**16**</u>$+9=$<u>**25**</u>$+11=$<u>**36**</u>$+13=$<u>**49**</u>$+15=$<u>**64**</u>$+$
$17=$<u>**81**</u>$+19=$<u>**100**</u>$+$ ... u. s. w. →

Viel Spaß wünscht Klaus G. Lonvitz!

DIE AUTOREN

ROSEL EBERT

geboren 1943 in Leipzig
- Abschlüsse in Praktischer Psychologie und als Gruppenleiterin für biografisches Schreiben
- diverse Veröffentlichungen in Form von Geschichten, Gedichten und anderen literarischen Arbeiten u. a. mit autobiografischem Hintergrund

DR. VOLKER KRASTEL

geboren 1943 in Berlin
- Die Arbeit mit den Menschen als Allgemeinarzt gab den Anstoß, Nachdenkens- und Erhaltenswertes in Versform niederzuschreiben.
- Veröffentlichungen in Form von Gedichten und Prosa

KLAUS G. LONVITZ

geboren 1940 in Putbus auf Rügen
- Beruf: Diplom-Mathematiker, als solcher in der Wirtschaft gearbeitet
- Veröffentlichungen in Anthologien mit niederdeutschen und hochdeutschen Texten

Rosel Ebert, Volker Krastel und Klaus G. Lonvitz gehören den „Poeten vom Müggelsee" e.V. an. Insbesondere im Rahmen der Vereinstätigkeit erhielten und gaben sie diverse Anregungen zum Schreiben und beteiligten sich an Lesungen mit eigenen Gedichten bzw. Prosatexten.

KONTAKTDATEN

ROSEL EBERT: Ebertrosel@aol.com

VOLKER KRASTEL: v.krastel@gmx.de

KLAUS G. LONVITZ: dieter.lockenvitz@freenet.de